Ein Leben für den Fußball

JULIAN VOLOJ MARCIN PODOLEC

Ein Leben für den Fußball

Die Geschichte von Oskar Rohr

CARLSEN

Willkommen zum Finale der 25. deutschen Fußballmeisterschaft. Gerade betreten die Mannschaften den Rasen des mit 55.000 begeisterten Zuschauern restlos ausverkauften Stadions. Es ist ein wunderschöner Tag hier in Nürnberg.
BAYERN
EINTRACHT
BAYERN
BAYERN
EINTRACHT
EINTRACHT
EINTRACHT

EINTRACHT!
BAYERN!
EINTRACHT!
BAYERN!
BAYERN!
EINTRACHT!
BAYERN

Schiedsrichter Birlem aus Berlin hat die Partie angepfiffen.
EINTRACHT! EINTRACHT!
EINTRACHT!
BAYERN!

Bayern-Kapitän Conny Heidkamp passt den Ball zu Franz Krumm.
Krumm zu Rohr!
Rohr zurück zu Krumm, Doppelpass, Ossi Rohr schießt und...
TOOOR!

SCHON ALS KIND WAR OSKAR GANZ VERRÜCKT NACH FUSSBALL.
Wie oft hab ich's dir schon gesagt? Im Haus wird kein Ball gespielt!
Genau genommen ist es kein Ball.
Oskar, spiel jetzt nicht den Schlaumeier!

Freust du dich?
Und wie!

Na, Kleiner!
Willst du ins Tor?
Wie Sie sehen, begeistert sich Oskar sehr für Fußball.
Ins Tor?!
Ich bin Stürmer.
Gut. Schauen wir mal, wie er sich macht.

IM ERSTEN TRAINING BEI PHOENIX MANNHEIM ERZIELTE OSKAR EIN TOR NACH DEM ANDEREN.
Der Junge hat was drauf!
Nichts konnte ihn aufhalten.

Sehr gut! Aber nun zieh den Schuh wieder an.
Oskar kann sich noch nicht die Schnürsenkel binden.
Mama!
Das lernt er schon noch. Frau Rohr, Ihr Sohn hat Talent und wir würden uns freuen, wenn er bei uns mittrainiert.
Darf ich?

Nun, unter einer Bedingung. Du musst lernen, deine Schuhe selbst zu binden! Abgemacht?
Abgemacht!
Hurra! Hurra! Hurra!
?
?

ER WAR NICHT DER SCHNELLSTE.
TAP!
NICHT DER GESCHICKTESTE.
ABER AM BALL WAR OSKAR UNAUFHALTBAR.

SEINE ELTERN SAHEN OSKARS FUSSBALL-BESESSENHEIT ZUSEHENDS MIT SORGE, UND SO VEREINBARTEN SIE REGELN.
Heute hab ich ein Spiel! Kann ich los?
Was?

Hast du dein Bett gemacht?
Na klar!
Hast du gefrühstückt?
Ja.
Und das Geschirr? Hast du abgewaschen?
Und aufgeräumt. Und die Zähne sind auch geputzt. Kann ich jetzt gehen?
Wie spät ist es?
Halb sieben!
Wann ist euer Spiel?
Um neun.
Da musst du doch nicht so früh raus. Um die Zeit ist da sicher noch niemand.
Oh!
Der Trainer sagt, dass Spiele im Kopf gewonnen werden. Ich bin bereit.
Und mit wachem Kopf gewinnt sich's noch besser! Geh wieder ins Bett!
Ich bin aber nicht müde. Kann ich gehen?
Bitte?

Wenn du ihn auf dem Spielfeld siehst, verstehst du, was ich meine.
Fußball, immer nur Fußball!
Ich bin froh, dass er etwas gefunden hat, für das er sich begeistert.
Aber Fußball?!
Er spielt wirklich gut. Und es macht ihm Spaß.
Reine Zeit-verschwen-dung.
Aber er hält sich an alle Ab-machungen, um spielen zu können.
Schau, da ist er.

Ist das Ihr Sohn?
Ja, unser Oskar.
Der ist verdammt gut.
Tja, es ist ein Segen und ein Fluch.

Es freut mich, dass du Spaß hast, Oskar. Aber du musst die wichtigen Dinge im Auge behalten.
Die wichtigen Dinge? Was meinst du, Papa?
Fußball ist ein Zeitvertreib, aber im Leben geht's nicht nur um Spaß, sondern auch um Verantwortung.
Wie Zähneputzen?
Genau. Du hast Aufgaben, um die du dich kümmern musst. Sei fleißig in der Schule. Mach deine Hausaufgaben. Wenn das beides erledigt ist, kannst du dich in den Fußball stürzen.
Klar, weiß ich doch.
Gut. Und noch etwas.
Auch wenn du an Spieltagen früh wach bist, lass uns schlafen! Verstanden?
Geht klar!

1928 WECHSELTE OSKAR ZUM VFR MANNHEIM, WO RICHARD DOMBI SEIN TRAINER WURDE.
Weißt du, warum sie ihn „Little Dombi" nennen?
Weil er nicht größer als Oskar ist.
HA HA HA HA HA HA
DER ALS RICHARD KOHN GEBORENE ÖSTERREICHISCHE NATIONALSPIELER HATTE AUFGRUND SEINER AGILEN SPIELWEISE...
Konzentration, die Herren!
... DEN SPITZNAMEN „LITTLE DOMBI" BEKOMMEN, DEN ER SPÄTER ZU SEINEM LEGALEN NACHNAMEN MACHTE.

Dombi bedeutet „Eminenz".
Wirklich? Wo das denn?
Ehrlich. Das ist Ungarisch.
Seit wann kannst du Ungarisch?
RUHE, MEINE HERREN! WIR SIND HIER NICHT BEIM KAFFEEKLATSCH.
NACH EINER BEEINDRUCKENDEN KARRIERE ALS MITTELFELDSPIELER WURDE ER EINER DER RENOMMIERTESTEN TRAINER IN EUROPA. ER ARBEITETE UNTER ANDEREM IN BERLIN UND BARCELONA.
Ich habe gehört, dass er sogar in Uruguay eine Mannschaft trainiert hat!
Südamerika?! Nicht schlecht, Herr Specht!

Das war's für heute, meine Herren!
Oskar, kann ich dich kurz sprechen? Wie alt bist du jetzt?
Siebzehn.
Du bist ein sehr talentierter Spieler. Aber Fußball ist ein Mannschaftssport. Um erfolgreich zu sein, muss man als Mannschaft spielen. Verstehst du, was ich meine?
Ich glaub, schon.
Du hast einen natürlichen Instinkt, immer zu wissen, wo der Ball sein wird. Das haben nicht viele Spieler. Aber du brauchst auch den Instinkt, zu wissen, wo deine Mitspieler sein werden.
Behalte nicht nur den Ball im Auge, sondern auch deine Kameraden. Du hast das Zeug, in der Nationalmannschaft zu spielen.

HAHA
HA
HA
HA
Oskar, kommst du mit?
Weiß nicht.
Komm schon, Ossi, nur für eine Stunde.
Na gut!

Spielt jemand mit?
Was denkst du denn?!
TOOOR!
Was? Nein!
Ha! Und noch eins!
Erst spielt ihr Fußball...
... und dann geht ihr in die Kneipe, um Tischfußball zu spielen?
HA! HA!
Jetzt aber!

Weißt du, wie spät es ist?
Ich hab nicht auf die Uhr geschaut.
Wir beide müssen uns unterhalten, junger Mann!

Deine Mutter sagt, du hast schon wieder eine Klassenarbeit vergeigt.
Ja, aber…
Kein Aber! Hör zu, Ossi, du bist kein Kind mehr.
Ich weiß, ich weiß…
Gar nichts weißt du. Sag mir eins: Was möchtest du mal werden?
Denk an deine Zukunft. Du kannst nicht ewig Fußball spielen.
Wie?
Niemand bezahlt dich fürs Spielen. Du brauchst einen ordentlichen Beruf.
Mach eine Ausbildung!
Ich mein's ernst, Oskar. Wir werden dich nicht ewig unterstützen.

Ich will doch nur dein Bestes.
Ich steh ganz frei!

Tschüss zusammen!
Ein gutes Spiel, Oskar.
Du hast es also schon gehört?
Ja. Herzlichen Glückwunsch. Es war wirklich toll, Sie als Trainer zu haben.
Danke. Warst du schon mal in München? Ist eine tolle Stadt. Du solltest mitkommen.
Um Sie zu besuchen?
Nein, um zu spielen.
Ist das...
Ist das Ihr Ernst?

Und ob.
Trainer Dombi hat bereits mit uns gesprochen.
Du weißt, Oskar, dass wir uns Sorgen machen, aber das ist eine einmalige Gelegenheit.
Wirklich? Ihr seid einverstanden?
Könnten wir dich aufhalten?

Es ist so viel größer als Mannheim, Trainer.

BAYERN-PRÄSIDENT KURT LANDAUER HATTE RICHARD DOMBI NACH MÜNCHEN GEHOLT, UM ENDLICH MEISTER ZU WERDEN.
Da sind Sie ja! Wir haben schon auf Sie gewartet!
Das sind Otto Beer und Siggi Hermann von der Jugendabteilung.
Angenehm! Ich freue mich auf unsere Zusammenarbeit.
DER FC BAYERN HATTE MIT ÜBER 500 MITGLIEDERN UND 36 MANNSCHAFTEN IN ALLEN ALTERSGRUPPEN DIE GRÖSSTE JUGENDABTEILUNG IM DEUTSCHEN FUSSBALL.

Wir investieren eine Menge Geld in unsere Jugendabteilung! Die Jugend ist die Zukunft!
Im Gegensatz zu vielen meiner Kollegen bin ich ein Verfechter des professionellen Fußballs. Als Spieler sind Sie Angestellter eines Vereins und müssen dementsprechend bezahlt werden!
Ist das euer neues Wunderkind, Kurt?
Walther, schön, dich zu sehen.
Oskar, darf ich dir Walther Bensemann vorstellen?
DER Walther Bensemann?
Gibt es denn mehr als einen?
Der Gründer und Chefredakteur des „Kicker"?
Höchstpersönlich, ja.
Es ist mir eine Ehre.

VIELE NANNTEN BENSEMANN „DEN MANN, DER DEN FUSSBALL NACH DEUTSCHLAND BRACHTE". ALS JUGENDLICHER HATTEN SEINE ELTERN IHN AUF EINE ENGLISCHE PRIVATSCHULE IN DER SCHWEIZ GESCHICKT, WO DER GEBÜRTIGE BERLINER DEN FUSSBALL FÜR SICH ENTDECKTE.
R KICKER
ER WAR NICHT NUR MITBEGRÜNDER VERSCHIEDENER SÜDDEUTSCHER FUSSBALLMANNSCHAFTEN – DARUNTER DER VORLÄUFER DES HEUTIGEN FC BAYERN MÜNCHEN –, SONDERN AUCH EINER DER GRÜNDUNGSVÄTER UND DER NAMENSGEBER DES DEUTSCHEN FUSSBALL-BUNDES.

FÜR OSKAR BEGANN BEIM FC BAYERN EIN VÖLLIG NEUES LEBEN.
SEIN TRAUM WURDE REALITÄT.
OSKAR WOLLTE NICHTS ALS FUSSBALL SPIELEN, UND NUN SCHIEN ES TATSÄCHLICH MÖGLICH, DASS ER SOGAR DAVON LEBEN KONNTE.

1. MAI 1932
UNTER TRAINER DOMBI GEWANNEN DIE BAYERN DIE SÜDOSTDEUTSCHE MEISTERSCHAFT UND QUALIFIZIERTEN SICH FÜR DAS ENDSPIEL UM DIE SÜDDEUTSCHE MEISTERSCHAFT.
Herr Landauer, vielen Dank für die Einladung.
Keine Ursache.
Getränke und Speisen gehen ebenfalls auf meine Rechnung. Keine Widerrede!
Das ist wirklich nicht nötig.
So ein Angeber.
Er ist doch sehr nett.

IN STUTTGART WOLLTEN 20.000 ZUSCHAUER DAS ENDSPIEL GEGEN DEN SÜDWESTDEUTSCHEN MEISTER EINTRACHT FRANKFURT SEHEN.
EINTRACHT!
DER FC BAYERN ENTTÄUSCHTE. BEREITS IN DER FÜNFTEN MINUTE ERZIELTE DER SCHWEIZER NATIONALSPIELER WALTER DIETRICH DAS ERSTE TOR FÜR DIE EINTRACHT.
Verdammt!
Die Verteidigung hat total geschlafen, oder?
Genau!
EINTRACHT!
BAYERN!
IN DER 35. MINUTE TRAF DIETRICH EIN ZWEITES MAL FÜR FRANKFURT.

Wir müssen ihre Konter unterbinden.
Noch ist nichts verloren.
Ich will ein kontrolliertes Offensivspiel. Haltet den Ball in Bewegung. Ja, Oskar, ich spreche mit dir.
Wir brauchen Pässe, um die Verteidigung zu durchbrechen.
Wir können das Spiel drehen!
Auf geht's!
BAYERN!
BAYER
BA
BAYE
BAYERN! BAY
BAYERN!

ES WAR EIN HART UMKÄMPFTES SPIEL. IN DER ZWEITEN HALBZEIT SPIELTEN DIE BAYERN BESSER, FANDEN ABER KEIN DURCHKOMMEN GEGEN DIE EINTRACHT.
BAYERN!
EINTRACHT!
Lauf!

UND DANN IN DER 80. MINUTE...
Hand! Das muss Elfmeter geben!

DIE BAYERN-FANS GLAUBTEN, DASS EIN EINTRACHT-SPIELER DEN BALL IM STRAFRAUM MIT DER HAND GESPIELT HATTE, DOCH DER SCHIEDSRICHTER LIESS WEITERSPIELEN.

AUF DEM SPIELFELD KAM ES ZU RANGELEIEN.

IN DER 83. MINUTE WURDE DAS SPIEL ABGE-
BROCHEN UND FRANKFURT ZUM SIEGER ERKLÄRT.

BEIDE MANNSCHAFTEN WAREN AUTOMATISCH FÜR DIE
ENDRUNDE UM DIE DEUTSCHE MEISTERSCHAFT QUALIFIZIERT.

DAS ACHTELFINALE WURDE AM 8. MAI AUSGETRAGEN. BAYERN BESIEGTE MINERVA 93 BERLIN ZU HAUSE MIT 4:2, WÄHREND DIE EINTRACHT GEGEN DEN NORDOSTMEISTER SV HINDENBURG MIT 6:0 SOUVERÄN GEWANN.

DIE HALBFINALS FANDEN AM 29. MAI STATT: EINTRACHT FRANKFURT TRAF IN DRESDEN AUF DEN FC SCHALKE 04, BAYERN SPIELTE IN MANNHEIM GEGEN DEN 1. FC NÜRNBERG.
FÜR OSKAR WAR DIESES SPIEL EINE HOCHEMOTIONALE HEIMKEHR.
OSKAR! OSSI! OSSI!
Das ist Ossi da drüben! Unglaublich, dein Junge.
Tja, den einen oder anderen Trick hat er von mir.
Na, wie lautet Ihr Tipp, Herr Bensemann?
Was weiß ich?
Keine falsche Bescheidenheit, Bense, du bist Deutschlands Fußballexperte Nummer eins.
Kann ich das schriftlich haben?

Also? Was denkt der Chefredakteur des „Kicker"?
Nürnberg ist zweifellos ein sehr erfahrenes Team. Bayern hat junge und hungrige Spieler. Ich bin beeindruckt von dem positiven Einfluss, den Trainer Dombi bisher hatte.
Zweifellos die Mannschaft der Zukunft. Ich denke jedoch, dass Nürnberg gewinnen wird.
Ich wette dagegen!
So wie es sich für Münchens Oberbürgermeister gehört.
DIE ERSTE HALBZEIT BOT KAUM HÖHEPUNKTE. NÜRNBERG KONTROLLIERTE DAS SPIEL, OHNE SICH CHANCEN HERAUSZUSPIELEN. KEINE TORE IN MANNHEIM, DAFÜR ZWEI IN DRESDEN.
Und hier der Pausenstand aus Dresden: Eintracht Frankfurt – FC Schalke 1:1.
Wäre es nicht famos, wenn wir im Finale gegen Frankfurt spielen?

Nicht so voreilig, Bürgermeister Scharnagl, bisher habe ich in diesem Spiel noch keinen Sieger gesehen. Glauben Sie mir, der Club will dieses Jahr unbedingt ins Finale, schließlich wird es in Nürnberg ausgetragen.
Genug geplaudert, es ist Zeit für die zweite Halbzeit.
OSSI!
OSSI!

IN DER ZWEITEN HALBZEIT TRAFEN OSKAR ROHR UND HANS WELKER VOR 35.000 BEGEISTERTEN ANHÄNGERN FÜR DEN FC BAYERN.
BAYERN!
BAYERN!
Ähm.
Lieber Herr Heidkamp, ich gestehe meine Niederlage ein und begleiche selbstverständlich meine Wettschulden gegenüber Oberbürgermeister Dr. Karl Scharnagl.
Bitte nehmen Sie das Geld und trinken Sie mit der Mannschaft eine Runde Bier auf Kosten des „Kicker".

Ich muss sagen, die Bayern haben in der zweiten Hälfte ein fantastisches Spiel gemacht.
Hab ich's nicht gesagt? Sie spielen gegen Frankfurt.
2:1 gegen Schalke. Das wird ein interessantes Finale.
Ich denke, wir sind uns einig, dass wir den künftigen deutschen Meister gesehen haben.
Bei allem Respekt, ich denke, Eintracht Frankfurt wird gewinnen.
Wirklich? Wollen Sie wetten?
HA HA
HA HA
Bedaure, ich fürchte, das wird mir zu teuer.

SECHS WOCHEN NACH DER NIEDERLAGE IM FINALE UM DIE SÜDDEUTSCHE MEISTERSCHAFT GING ES FÜR DEN FC BAYERN NICHT NUR UM DIE REVANCHE GEGEN EINTRACHT FRANKFURT, SONDERN AUCH UM DEN GRÖSSTEN ERFOLG DER VEREINSGESCHICHTE: DEN GEWINN DER ERSTEN DEUTSCHEN FUSSBALLMEISTERSCHAFT.
JEDER WOLLTE EINTRITTSKARTEN FÜR DAS SPIEL IN NÜRNBERG. KURT LANDAUER VERSCHENKTE 500 TICKETS AN ARBEITSLOSE FANS, DIE MIT DEM FAHRRAD VON MÜNCHEN NACH NÜRNBERG FUHREN.
Du wirst ein Tor schießen, ich weiß es.
Dein Wort in Gottes Ohren, Kleiner.

DIE MANNSCHAFT NAHM DEN ZUG NACH NÜRNBERG.
Dies ist der größte Moment eurer Karriere. Spiele wie dieses werden in den Köpfen gewonnen.
Ich mache keine Scherze!
DOMBI NAHM DIE VORBEREITUNG SEHR ERNST. NICHTS WURDE DEM ZUFALL ÜBERLASSEN.
Gut, alles aussteigen.
? ? ? ? ?

Aber wir sind erst in Fürth.
Genau, Oskar.
Genau.
JEDES NOCH SO KLEINE DETAIL WURDE BERÜCKSICHTIGT.
NÜRNBERG HAUPTBAHNHOF
Das ist doch der Zug aus München.
Was ist hier los?
Wo sind die Bayern-Spieler?

NUR LANDAUER UND DOMBI WUSSTEN, WOHIN DIE REISE GING. KEINER DER SPIELER WURDE INFORMIERT, WO SIE IN NÜRNBERG ÜBERNACHTEN WÜRDEN.
Wir haben einen straffen Zeitplan.
SIE STIEGEN IM WÜRTTEMBERGER HOF IN DER NÄHE DES BAHNHOFS AB, WO SIE NIEMAND – WEDER DIE REPORTER NOCH FANS – VERMUTETE.
Wir bleiben ab jetzt zusammen. Sei es bei den Mahlzeiten, im Ausgang, selbst wenn wir nur Karten spielen. Kein Alkohol...
... Ja, das gilt auch für die Herren in der Chefetage.
Aber Dombi, Sie können doch nicht...
Keine Ausnahmen, Herr Präsident!

Schiedsrichter Birlem aus Berlin hat die Partie angepfiffen. Das 25. deutsche Fußballfinale hat offiziell begonnen.

ES WAR EIN UMKÄMPFTES SPIEL. DIE ERSTEN ZWANZIG MINUTEN WAR DIE EINTRACHT KLAR ÜBERLEGEN. DIE FRANKFURTER KONTROLLIERTEN DAS MITTELFELD, KAMEN ABER NICHT ZU KLAREN CHANCEN.
NACH ETWA EINER HALBEN STUNDE WURDEN DIE BAYERN SELBSTBEWUSSTER. EIN PAAR GUTE KOMBINATIONEN, SCHNELLES PASSSPIEL UND DANN, IN DER 34. MINUTE…
Rohr zu Josef Bergmaier, Hugo Mantel versucht dazwischenzugehen, doch Bergmaier ist schneller!
Jetzt ist Bergmaier allein vor Torwart Ludwig Schmitt, er schießt und…

Was war das denn?
Verteidiger Hennes Stubb versucht sich als Torhüter?!
Eindeutig Elfmeter. Niemand stellt die Entscheidung von Schiedsrichter Birlem infrage.
Wer wird den Strafstoß schießen? Heidkamp?
BAYERN!
BAYERN!
BAYERN!
BAYERN!
Alles in Ordnung?
BAYERN!
BAYERN!
BAYERN!
BAYERN!
BAYERN!
BAYERN!

Ossi, du musst den Elfer schießen. Ich kann's nicht.
BAYERN! BAYERN!
Rohr nimmt den Ball und geht selbstbewusst zum Elfmeterpunkt.
Oskar „Ossi" Rohr, der 20-jährige Bayern-Stürmer, der Anfang des Jahres, am 6. März, gegen die Schweiz sein Nationalmannschafts-debüt gab, oder Ludwig Schmitt, der erfahrene Torwart der Eintracht?
Wer wird hier die Oberhand behalten…?

TOR!
TOOOOOOR! Ossi Rohr bringt die Bayern 1:0 in Führung!

IN DER ZWEITEN HALBZEIT WURDE DAS SPIEL HÄRTER.
Ihr drei müsst immerzu eure Position wechseln. Bildet ein Dreieck, immer in Bewegung.
SCHNELLE PÄSSE UND POSITIONSWECHSEL VERWIRRTEN DIE EINTRACHT.

Bergmaier zu Krumm, Krumm wird von Stubb und Mantel angegriffen, aber er kommt zum Schuss und...
Und...
TOOR!
Ja, Tor für den FC Bayern! 2:0 in der 75. Minute.
BAYERN
BAYERN
BAYERN
BAYERN
BAYERN
BAYERN
Ist das der Titel?

BAYERN BAYERN BAYERN BAYERN
AM 12. JUNI 1932 GEWANN DER FC BAYERN MÜNCHEN ZUM ERSTEN MAL DIE DEUTSCHE MEISTERSCHAFT.

Herr Präsident, Sie müssen nicht einsam schlafen. Die junge Dame hier begleitet Sie auf Ihr Zimmer.
Sie heißt Viktoria.

ERN
BAYERN
BAYERN
BAYERN
BAYERN
BAY
ES HÄTTE DAS PERFEKTE HAPPY END SEIN KÖNNEN.

DOCH LEIDER KAM ES ANDERS.

Was bist du eigentlich für ein Lands-mann, Rohr?
Ich komme aus Mannheim. Wieso?
Wir fragen uns nur...
... ob ich arisch bin? Klar, genauso groß und blond wie Hitler selbst.
OSKAR WAR NICHT POLITISCH. IHN INTERESSIERTE NUR DER FUSSBALL.

DIE NEUE SAISON BEGANN GUT. IN DEN ERSTEN DREI SPIELEN ERZIELTE OSKAR NEUN VON 24 BAYERN-TOREN.
IM SEPTEMBER, IN SEINEM ZWEITEN SPIEL IM NATIONALTRIKOT, TRAF ER ZUM ERSTEN MAL FÜR DEUTSCHLAND.
1:0 nach nur zehn Minuten. Tor von Ossi Rohr.
UND DANN SEIN ZWEITES.

64. Minute, und Deutschland führt nun mit zwei Toren. 4:2 gegen Schweden. Und der Torschütze ist Oooossi Roooooooohr!
AM ENDE GEWANN DEUTSCHLAND DAS SPIEL MIT 4:3.

Im Fußball steht der Sportsgeist im Mittelpunkt. Es geht darum, Menschen zusammenzubringen, um internationale Verständigung.
IM JANUAR 1933 FEIERTE WALTHER BENSEMANN SEINEN 60. GEBURTSTAG. EINIGE MONATE ZUVOR HATTE ER ANGEKÜNDIGT, DASS ER SEINEN POSTEN ALS CHEFREDAKTEUR BEIM „KICKER" AUFGEBEN WÜRDE – AUS „GESUNDHEITLICHEN GRÜNDEN".
Wenn ihr mich fragt, die Jungs da drüben sind die besten Stürmer, die Deutschland je hatte: Julius Hirsch und Gottfried Fuchs. Aber einige Anwesende haben noch einiges vor sich.
Gottfried, wie viele Tore hast du bei den Olympischen Spielen 1912 gegen Russland erzielt?

Zehn. Aber wer hat schon mitgezählt?
Was war noch gleich das Endergebnis?
HA HA HA HA HA HA HA
16:0 – ich musste den Kameraden ja was übrig lassen.
So ist es. Fußball kennt weder Religion noch Rasse. Fußball kennt nur Kameradschaft.
Ich bin froh, dass ich hier mit so vielen guten Kameraden feiern kann.
Prost!

AM 30. JANUAR ERKLÄRTE REICHSPRÄSIDENT HINDENBURG ADOLF HITLER ZUM DEUTSCHEN REICHSKANZLER.
EINEN MONAT SPÄTER, NACH EINEM BRANDANSCHLAG AUF DEN REICHSTAG, SETZTEN DIE NAZIS IN EINER „NOTVERORDNUNG" JEGLICHE BÜRGERRECHTE AUSSER KRAFT.
27 II 1933

Es ist immer noch dasselbe Land. Was hat sich schon wirklich verändert?
Sieh dich doch um, Oskar. Alles verändert sich.
Das geht vorbei. Du glaubst doch nicht alles, was Hitler sagt.
Hunde, die bellen, beißen nicht.
Mein Gott! Ist das nicht Julius' Cousin?

10 III 1933
Ich werde mich nie mehr bei der Polizei beschweren

KURT LANDAUERS SCHWESTER HENNY WAR MIT DEM ANWALT JULIUS SIEGEL VERHEIRATET, DER IN DERSELBEN KANZLEI WIE SEIN COUSIN MICHAEL BESCHÄFTIGT WAR.
Ich werde mich nie mehr bei der Polizei beschweren

Was wollen Sie?
Michael Siegel, Anwalt. Mein Mandant Max Uhlfelder wurde gestern festgenommen. Herr Uhlfelder ist ein rechtschaffender Bürger und es wurde keine offizielle Anklage erhoben.
Ich verlange, dass mein Klient unverzüglich freigelassen wird.
Uhlfelder, sagen Sie? Folgen Sie mir.

NEUN TAGE SPÄTER SPIELTE OSKAR ERNEUT FÜR DIE DEUTSCHE NATIONALMANNSCHAFT. DIESMAL IN BERLIN GEGEN FRANKREICH. AUFGRUND DER POLITISCHEN UMSTÄNDE HATTEN DIE FRANZOSEN ERWOGEN, DAS SPIEL ABZUSAGEN, DOCH DER DEUTSCHE FIFA-GENERALSEKRETÄR IVO SCHRICKER HATTE SIE BEDRÄNGT, DIES NICHT ZU TUN.
Deutschland weiter zu isolieren wäre kontraproduktiv.

DIE FRANZOSEN ERZIELTEN DAS ERSTE TOR DES SPIELS. DANN TRAF OSSI ROHR: IN DER 28. MINUTE ZUM AUSGLEICH UND KURZ VOR ENDE DER ERSTEN HALBZEIT ZUM 2:1.
DAS SPIEL ENDETE 3:3.
DAMALS KONNTE NIEMAND AHNEN, DASS DIES SEIN LETZTES SPIEL IM DEUTSCHEN NATIONALTRIKOT SEIN WÜRDE.

DREI TAGE SPÄTER TRAT KURT LANDAUER ZURÜCK.
Mit dem heutigen Tag lege ich meine Präsidentschaft nieder. Auch Herr Beer, der erfolgreiche Erbauer unserer Jugendarbeit, wird seinen Posten abgeben.
LANDAUER WOLLTE JEDE DEMÜTIGUNG VERMEIDEN.

Deutsche!
Wehrt Euch!
Kauft nicht bei Juden!
AM 1. APRIL RIEFEN DIE NAZIS EINEN BOYKOTT JÜDISCHER GESCHÄFTE AUS.
Jude
Jude
Jude!
Jude!
Guten Morgen, Herr Dombi!

Trainer?
Oskar, hab dich gar nicht gesehen.
Alles in Ordnung?
Jaja.
EINIGE MONATE DARAUF ZOG RICHARD DOMBI IN DIE SCHWEIZ, UM GRASSHOPPERS ZÜRICH ZU TRAINIEREN.

NACH DEM ABGANG VON PRÄSIDENT LANDAUER UND TRAINER DOMBI GING ES FÜR DEN FC BAYERN BERGAB.
AM 1. OKTOBER 1933 SPIELTE OSKAR ZUM LETZTEN MAL FÜR DEN FC BAYERN MÜNCHEN.
ZU HAUSE VERLOR MAN 1:3 GEGEN FÜRTH.
Bitte weine doch nicht. Es ist ja niemand gestorben.
Ich weiß.

Mama, du machst es mir nicht leichter.
Hast du dir das auch gut überlegt?
Seit Monaten denke ich an nichts anderes. Es ist der richtige Schritt.
Du kennst meine Meinung. Denk an deine Zukunft.
Das tue ich ja.
Nein, du denkst an die Gegenwart. Im Moment erscheint dir das die richtige Entscheidung, aber wie sieht's in einem Jahr aus?

Ich möchte Profifußballer werden.
Ein professioneller Fußballspieler?! Das ist kein Beruf. Und angenommen, du kannst tatsächlich als Fußballer Geld verdienen, wie lange wird das gehen? Zehn Jahre? Und was dann?
Das soll dann in zehn Jahren meine Sorge sein.
Und warum im Ausland?
Weil die Nazis...
Genug davon!

DIE NAZIS WAREN GEGEN DEN PROFISPORT, INSBESONDERE DEN FUSSBALL, DEN SIE ALS UNDEUTSCH BETRACHTETEN.
UM SEINEN TRAUM ZU VERWIRKLICHEN, MUSSTE OSKAR DEUTSCHLAND VERLASSEN.
Bist du ganz sicher, dass du das willst?
Ganz sicher.

OSKAR ZOG IN DIE SCHWEIZ, WO ER FÜR GRASSHOPPERS ZÜRICH SPIELTE.
DOMBI WAR BEREITS NACH SPANIEN GEWECHSELT, WO ER NUN DEN FC BARCELONA TRAINIERTE.
UNTER TRAINER IZIDOR „DORI" KÜRSCHNER SPIELTE OSKAR 20 LIGA-SPIELE UND ERZIELTE DABEI 23 TORE.

AM ENDE DER SAISON GEWANNEN DIE GRASSHOPPERS DEN SCHWEIZER POKAL.

OSKAR BLIEB NUR EINE SAISON IN DER SCHWEIZ UND ZOG DANN NACH FRANKREICH, UM FÜR RACING CLUB STRASBOURG ZU SPIELEN.

DAS ELSASS WAR SCHAUPLATZ VIELER POLITISCHER AUSEINANDERSETZUNGEN ZWISCHEN FRANKREICH UND DEUTSCHLAND, ZULETZT 1919, ALS DIE REGION NACH DEM ERSTEN WELTKRIEG WIEDER TEIL FRANKREICHS WURDE.
FÜR SEINEN WECHSEL ZU RACING ERHIELT OSKAR EIN CABRIO, EINE DIENSTWOHNUNG UND EIN MONATSGEHALT VON 4.000 MARK.

SEIN TRAINER WAR FRITZ KERR, DER DEUTSCHLAND VERLASSEN HATTE, NACHDEM DIE NAZIS AN DIE MACHT GEKOMMEN WAREN.
DER EHEMALIGE ÖSTERREICHISCHE NATIONALSPIELER WAR TEIL DER LEGENDÄREN MANNSCHAFT DES SC HAKOAH WIEN, DIE 1923 WEST HAM UNITED MIT 5:0 BESIEGTE.
ES WAR DAS ERSTE MAL, DASS EINE MANNSCHAFT DES KONTINENTS EIN ENGLISCHES TEAM IN GROSSBRITANNIEN SCHLUG.
ABSPIELEN, OSKAR!
AB-SPIELEN!

IN SEINER ERSTEN SAISON SCHOSS OSKAR IN 22 SPIELEN 20 TORE. RACING WURDE VIZEMEISTER, GLEICH NACH DEM FC SOCHAUX.
OSSI
OSSI
OSSI
IN DER NÄCHSTEN SAISON, NUN UNTER TRAINER JOSEF „PEPI" BLUM, WURDE RACING DRITTER DER LIGA. OSKAR ERZIELTE IN 28 SPIELEN 28 TORE.

OSKAR LIEBTE STRASSBURG.
UND STRASSBURG LIEBTE IHN.

1935 KEHRTE OSKAR NACH MÜNCHEN ZURÜCK.
Und hier war früher Dessauers Delikatessen. Die hatten die besten Mettendchen.
Oskar Rohr!
Schön, Sie wieder in München zu sehen! Kann ich ein Autogramm bekommen?
Klar. Ja, es ist schön, wieder hier zu sein.

RACING BESTRITT EIN FREUNDSCHAFTSSPIEL GEGEN DIE BAYERN.
SPUCK
Verräter!

NUR 8.000 MENSCHEN KAMEN, UM DAS SPIEL ZU SEHEN. WÄHREND EINIGE OSKAR ROHR ALS HELDEN DER MEISTERSCHAFT VON 1932 FEIERTEN, SAHEN VIELE SEINEN UMZUG INS AUSLAND – UND AUSGERECHNET NACH STRASSBURG – ALS VATERLANDSVERRAT.

WILHELM „SCHIMMY" SIMETSREITER ERZIELTE DAS ERSTE TOR.
OSKAR DEN AUSGLEICH.
UND DANN WAR FRITZ KELLER AN DER REIHE.
KELLER ERZIELTE DIE FÜHRUNG FÜR STRASBOURG UND DANN SOGAR DAS 1:3.
BERGMAIER UND WIEDER SIMETSREITER SORGTEN FÜR DEN AUSGLEICH, UND DANN BRACHTE SCHNEIDER DIE BAYERN IN FÜHRUNG. KELLER SORGTE FÜR DEN ENDSTAND VON 4:4.

ES WAR SELTSAM, WIEDER IN MÜNCHEN ZU SEIN.
DIE STADT WAR NICHT MEHR DIESELBE.

Hallo? Ist jemand zu Hause?
STRASSBURG WAR NUR WENIGE STUNDEN VON MANNHEIM ENTFERNT UND OSKAR BESUCHTE SEINE ELTERN, SOOFT ER KONNTE.
Das ist für dich, Mutter.
Und das für dich, Vater.
Und für meinen Lieblingsneffen hab ich den hier.
Konntest du ihm nicht etwas Nützliches schenken?

Das hab ich alles mit Fußballspielen verdient.
Wir haben um nichts gebeten.
Müsst ihr auch nicht. Ist doch gern geschehen.
Du machst uns Schande.
Bitte hör auf.
Schande?
Dieses Auto. Deine Freundinnen. Was sollen die Nachbarn denken?
Wenn du nicht willst, dass ich wiederkomme, sag's einfach.

NEIN, DEUTSCHLAND WAR NICHT MEHR SEIN ZUHAUSE...
DAS WAR STRASSBURG.
Ein Hoch auf Frankreichs Torjäger Nummer eins!
IN DER SAISON 1936/37 WURDE OSKAR MIT 30 TREFFERN TORSCHÜTZENKÖNIG DER FRANZÖSISCHEN LIGA.
So, Ossi, lass hören, wie fühlt man sich als Torschützenkönig?
HA HAHA
Großartig! Ich wünschte nur, die anderen Mannschaften würden nicht so oft treffen.
HA HA HA
Was schaut ihr mich so an?
Ich bin nur der Torwart!
HA HA HA HA HA

Gib's zu, du fühlst dich schon mehr französisch als deutsch.
Französisch? Deutsch? Ich sag dir, wie ich mich fühle.
Ich fühle mich wie ein Straßburger!
Auf Straßburg!
RACING STRASBOURG WURDE NUR SECHSTER DER LIGA, ABER ERSTMALS IN DER VEREINSGE-SCHICHTE ERREICHTE DIE MANN-SCHAFT DAS FINALE UM DEN FRANZÖSISCHEN POKAL GEGEN DEN ERZRIVALEN FC SOCHAUX.

Und Straßburg mit seiner Traum-offensive: Fritz Keller und die beiden Oskars – der Elsässer Oscar Heisserer und der Deutsche Ossi Rohr...
AM ENDE GEWANN SOCHAUX 2:1.

IN DER NACHT VOM 9. AUF DEN 10. NOVEMBER 1938 ORGANISIERTE DAS NATIONALSOZIALISTISCHE REGIME EIN LANDESWEITES POGROM GEGEN DIE JUDEN IN DEUTSCHLAND UND ÖSTERREICH.
ÜBER 1.000 SYNAGOGEN WURDEN IN BRAND GESETZT, MEHR ALS 7.000 JÜDISCHE GESCHÄFTE BESCHÄDIGT ODER ZERSTÖRT UND HUNDERTE JÜDINNEN UND JUDEN ERMORDET.

DIE NAZIS VERHAFTETEN UND INTERNIERTEN 30.000 MENSCHEN IN KONZENTRATIONSLAGERN.
Name.
Landauer, Kurt.
Häftling Nummer 20009. Nächster.

KURT LANDAUER WURDE EBENSO WIE SEINE EHEMALIGEN BAYERN-KOLLEGEN OTTO ALBERT BEER UND BERTHOLD KOPPEL NACH DACHAU GEBRACHT.
NACH 33 TAGEN DER MISSHANDLUNG, FOLTER UND DEMÜTIGUNG WURDE ER ENTLASSEN.
ARBEIT MACHT FREI

HA
HA
HA
HA
HA
HA
Herr Hirsch? Julius Hirsch?
Oskar Rohr. Wir haben uns bei Walther Bensemanns Sechzigsten getroffen.
Oh ja... Ist Ewigkeiten her.
Wie geht's ihm?

Wissen Sie das nicht? Er ist vor vier Jahren gestorben.
Oh, ich hatte keine Ahnung.
Zumindest musste er das alles nicht mehr miterleben...
Verzeihung. Wir sind in Eile.

AM 1. SEPTEMBER 1939 FIEL DEUTSCHLAND IN POLEN EIN. DER ZWEITE WELTKRIEG HATTE BEGONNEN.
EINIGE MONATE SPÄTER BESETZTEN DEUTSCHE TRUPPEN DAS ELSASS.
MIT 117 TOREN FÜR RACING WAR OSKAR DER ERFOLGREICHSTE STÜRMER IN DER VEREINSGE-SCHICHTE DER STRASSBURGER.
ALLES, WAS OSKAR WOLLTE, WAR FUSSBALL SPIELEN, ABER NUN MUSSTE ER FLIEHEN.

ER FLÜCHTETE NACH SÈTE IN SÜDFRANKREICH.
OSKAR WUSSTE NICHT, WIE ES WEITERGEHEN SOLLTE.
HA HA HA

<Spielst du mit uns?>
Was?
<Willst du mitspielen?>
Oh, klar. Sehr gern.
HA HA HA
HA HA HA

Sie sind Oskar Rohr, nicht wahr?
Ja. Und Sie sind?
Maurice Gritz vom FC Sète. Wir haben telefoniert.
Ach ja, kommen Sie doch rein.
Wir können nicht viel zahlen, aber es wäre uns eine Ehre, Sie in der Mannschaft zu haben.
Danke. Überhaupt Fußball spielen zu dürfen, klingt wie ein Wunder.

ALSO SPIELTE OSKAR FÜR DEN FC SÈTE.
Hier!
?!
NICHT ALLE FREUTEN SICH ÜBER EINEN DEUTSCHEN MITSPIELER.
Ich stand total frei! Warum gibst du nicht ab?

Das war mein Ball! Ich stand viel besser!
Wie konnte ich den nur verschießen?!
Na komm, das war haarscharf.

Kommst du mit?
Nein danke. Bin todmüde.

1942 ERREICHTE SÈTE DAS FRANZÖSISCHE POKALFINALE, DOCH DA DAS SPIEL IN DER VON DEN DEUTSCHEN BESETZTEN HAUPTSTADT PARIS AUSGETRAGEN WURDE, KONNTE OSKAR NICHT TEILNEHMEN.
Liebe Mutter, lieber Vater,
SÈTE VERLOR GEGEN RED STAR PARIS MIT 0:2.

FRANKREICH WAR EIN GETEILTES LAND. DEUTSCHLAND BESETZTE DEN NORDEN UND WESTEN, ITALIEN KONTROLLIERTE GEBIETE IM SÜDOSTEN, UND DIE SOGENANNTE ZONE LIBRE UNTERSTAND MARSCHALL PÉTAINS VICHY-REGIERUNG.
MARSEILLE WAR ZU EINEM ZUFLUCHTSORT FÜR DEUTSCHE EMIGRANTEN GEWORDEN.

Brauchen Sie Billetts für das Schiff morgen nach Argentinien?
Was? Oh nein, ich bin nur,.. Nein danke.

... habe noch kein Visum...
... kenne jemanden, der helfen kann...

DAS VOM AMERIKANISCHEN JOURNALISTEN VARIAN FRY GELEITETE „EMERGENCY RESCUE COMMITTEE" VERSUCHTE DEN VIELEN DEUTSCHEN INTELLEKTUELLEN ZU HELFEN, DIE HIERHER GEFLOHEN WAREN.

ALS AUSLANDSKORRESPONDENT IN BERLIN HATTE FRY DIE BRUTALITÄT DER NAZIS SELBST MITERLEBT.

BIS ER VON DEN FRANZÖSISCHEN BEHÖRDEN AUSGEWIESEN WURDE, KONNTE FRY SCHÄTZUNGSWEISE 4.000 MENSCHEN RETTEN, DARUNTER HANNAH ARENDT, MARC CHAGALL UND LION FEUCHTWANGER.

Monsieur Rohr?
Haben Sie Ihre Freunde noch gesehen?
Meine Freunde?

Die beiden Herren, die hier waren.
Welche Herren?
Oskar Rohr?
Polizei. Dürfen wir eintreten?

Sie sind festgenommen wegen Verbreitung kommunistischer Propaganda.
Aber ...
IM JAHR 1942, KURZ VOR DEM EINMARSCH DER DEUTSCHEN WEHRMACHT, WURDE OSKAR VON DER FRANZÖSISCHEN POLIZEI VERHAFTET.

ANFANG 1943 ZERSTÖRTEN DIE DEUTSCHEN GROSSE TEILE DER ALTSTADT VON MARSEILLE. 27.000 EINWOHNER WURDEN ZWANGSUMGESIEDELT.
Diese Stadt war das Krebsgeschwür Europas!

OSKAR WURDE ZU DREI MONATEN GEFÄNGNIS VERURTEILT.
TOOOR!

WÄHREND SEINER HAFT WURDE ER INS KONZENTRATIONSLAGER KISLAU BEI KARLSRUHE GEBRACHT.

NACH ACHT WOCHEN ZWANGSARBEIT WURDE ER ENTLASSEN.
ER HATTE SEINE ELTERN SEIT JAHREN NICHT GESEHEN. ES WAR EINE SELTSAME WIEDERBEGEGNUNG.
Wie einen Kriminellen hat man mich behandelt!
Ist Fußball ein Verbrechen?
Ich wusste schon immer, dass deine Fußballbesessenheit dich in Schwierigkeiten bringen würde.
Können wir bitte in Frieden essen?

...
KLOPF
KLOPF
KLOPF
KLOPF
Ich komme!
Das ist für dich, Oskar.

Infanterist an der Ostfront? Das ist Mord!
NACH NUR DREI TAGEN FREIHEIT WURDE ER ZUM MILITÄRDIENST EINBERUFEN.
Sag nicht so was! Jetzt kann er seine Vaterlandsliebe beweisen!
Hat er nicht genug gelitten?

IRONIE DES SCHICKSALS: OSKAR TRUG NUN DIE UNIFORM DER ARMEE, VOR DER ER GEFLOHEN WAR.

Rohr!
ROHR! Komm, hilf mir!

Wir haben keinen Platz mehr!
Bayern München?

Wie bitte?
Warst du nicht Bayern-Stürmer?
Ja. Vor langer Zeit.
Wie war gleich dein Name?
Rohr.
Wir müssen los!
Einen Moment noch, Kurt.

Natürlich! Ossi Rohr! Du hast im Finale '32 den Elfer gegen Frankfurt geschossen.
Ja, stimmt.
Wir kennen uns!
Ach ja?
Ja. Der alte Landauer hat doch Eintrittskarten fürs Endspiel verteilt.
Ich war da! Wir sind ins Vereinshaus gekommen. Du hast uns die Karten gegeben und ich sagte dir, dass du ein Tor schießen wirst.
Und das hast du!

Ich er-
innere mich
nicht. Tut
mir leid.
Der beste Moment
meines Lebens! Mein
Vater und ich sind
den ganzen Weg nach
Nürnberg mit dem
Rad gefahren.
Ich geh
besser
zurück.
Warte. Deine Hand
sieht nicht gut aus.
Rein mit dir. Es gibt
immer noch ein
Plätzchen.

Schieß, Simon!
Das ist deiner, Leon.

NACH DEM KRIEG ÜBERLEGTE OSKAR,
NACH FRANKREICH ZURÜCKZUKEHREN...
... ABER DANN BESCHLOSS ER,
IN DEUTSCHLAND ZU BLEIBEN.

Deutscher Fußballbund
Endspiel um die Deutsche Meisterschaft
im Nürnberger-Stadion
am 12. Juni 1932, nachmittags 4 Uhr
Eintracht Frankfurt – Bayern München
00117
Innenraum Kurve links,
Durchgang nur links der Tribüne.
Eintrittspreis:
Vorverkauf RM. 2.– Platzkasse RM. 2,50

Nachwort

Dieses Buch ist eine Hommage an Oskar Rohr, der Gerd Müller oder Robert Lewandowski seiner Fußballergeneration. Obwohl der talentierte Torjäger, den alle liebevoll »Ossi« nannten, maßgeblich am ersten deutschen Meistertitel des FC Bayern München beteiligt war, ist er hierzulande nahezu vergessen. Ganz anders in Frankreich, wo er in den 1930er-Jahren als Torschützenkönig zur Fußballlegende bei Racing Strasbourg wurde.

Aus heutiger Perspektive scheint die Frage »Was wäre, wenn?« ein Leitmotiv seines Lebens, und damit auch dieses Buchs, zu sein. Was wäre, wenn Ossi Trainer Richard Dombi nicht getroffen hätte, der ihn nach München brachte? Was wäre, wenn er im Meisterschaftsfinale 1932 nicht das erste Tor erzielt hätte? Was wäre, wenn die Nazis nicht ein halbes Jahr später an die Macht gekommen wären? Was wäre, wenn er in Deutschland geblieben wäre und nicht im Ausland gespielt hätte? Was wäre, wenn der Krieg nicht seine Karriere unterbrochen hätte? Was wäre, wenn er in einer anderen Zeit geboren worden wäre?

Die vorliegende Graphic Novel führt uns in die Pionierzeit des Fußballs zurück – es war wenige Jahrzehnte her, dass die Sportart über Privatschulen von England nach Kontinentaleuropa gelangt war und sich hier rasch wachsender Popularität erfreute. Die akademischen und britischen Wurzeln des Fußballsports spiegeln sich auch in vielen englische Vereinsnamen wie Stuttgarter Kickers, Grashoppers Zürich oder Racing Strasbourg wider. Der FC Bayern war ursprünglich ein Verein für Künstler und Akademiker mit Sitz in Schwabing und Maxvorstadt, wo sich die Münchner Universität und die Kunstakademie befanden. Im Gegensatz zu etablierten Sportvereinen, die Juden oftmals diskriminierten und ausschlossen, war diese neue Sportart offen für Minderheiten, und diese nahmen in der »Gründerzeit« sehr aktiv am Fußball teil.

Bestes Beispiel hierfür ist Walther Bensemann, der spätere Gründer des bis heute beliebten Fußballmagazins »Kicker«. Bensemann entdeckte den Fußball auf einer britischen Privatschule in der Schweiz und war nach seiner Rückkehr nach Deutschland maßgeblich an der Gründung vieler Mannschaften in Süddeutschland beteiligt, aus denen unter anderem Eintracht Frankfurt und der FC Bayern München hervorgingen. Darüber hinaus war er Mitbegründer des Deutschen Fußballbundes (DFB).

Beim FC Bayern war zweifelsohne Präsident Kurt Landauer der Visionär, der

12. Juni 1932
9. Jahrgang / Nr. 24

Münchner Illustrie e Presse

Preis: 20 Pfennig
Österr.: 40 Grosch. / Tschechosl.: 2 Kron.
Schweiz: 30 Rappen / Italien: 1,50 Lire
Frankreich: 1,50 Frs. / Elsaß-Lothringen: 1,25 Frs. / Holland: 20 Cent
Jugoslawien: 4 Dinar / Estland: 25 Cent

Verlag Knorr & Hirth, G.m.b.H., München

Aufnahme: Graeber

Es geht um die Deutsche Fußballmeisterschaft

„F. C. Bayern" wird im Endspiel um die Deutsche Fußballmeisterschaft gegen „Eintracht" Frankfurt am Sonntag im Nürnberger Stadion antreten. Die Münchner Mannschaft: in der Mitte der Sturmführer Rohr; in der linken Ballhälfte von oben nach unten: Bergmeier, Bader, Heidkamp, Schmid, Lechler; in der rechten Ballhälfte von oben nach unten: Krumm, Breindl, Goldbrunner, Welker, Nagelschmitz und Haringer.

Die Mannschaft der Frankfurter „Eintracht" bringen wir auf Seite 2

Oskar Rohr und die spätere Meistermannschaft des FC Bayern München auf dem Titelbild der »Münchner Illustrierten Presse« vom 12. Juni 1932 den Klub 1932 zum bis dato größten Erfolg der Vereinsgeschichte führte: Durch einen verwandelten Elfmeter des damals 20-jährigen Oskar Rohr in der 36. Minute und ein Tor des zwei Jahre älteren Franz Krumm in der 75. Minute gewannen die Münchener das Endspiel um die deutsche Fußballmeisterschaft gegen Eintracht Frankfurt mit 2:0!

Dies hätte der Beginn einer glorreichen Zeit für den Verein und seinen Starstürmer werden können, doch nur ein halbes Jahr später kamen die Nationalsozialisten an die Macht und viele der Schlüsselfiguren – darunter Präsident Landauer und Trainer Richard Dombi – mussten Deutschland aufgrund ihrer jüdischen Abstammung verlassen.

Auch Oskar Rohr verließ Deutschland, aber nicht weil er verfolgt wurde oder aus ideologischen Gründen, sondern weil er professionell Fußball spielen wollte. Trotz aller Popularität sahen die Nazis den Engländersport als undeutsch an und bevorzugten die oftmals antisemitischen Turnvereine.

Im Ausland, zunächst in der Schweiz und dann im elsässischen Straßburg, fand Oskar Rohr ein neues fußballerisches Zuhause. Doch während er in Frankreich als Torschützenkönig gefeiert wurde, erklärte man ihn in seiner Heimat zum Landesverräter. Und dann kam der Krieg und beendete seine Karriere.

Was wäre, wenn...?

Zu einer anderen Zeit, unter anderen Umständen, wäre Oskar Rohr wohl als einer der größten Stürmer seiner Generation in die Fußballgeschichte eingegangen. Wir wollen ihn und andere Fußballpioniere seiner Generation nun mit dieser Graphic Novel posthum würdigen.

Julian Voloj
New York, Oktober 2019

Richard Dombi, Konrad Heidkamp und Oskar Rohr mit der »Viktoria«, dem Wandelpokal der von 1903 bis 1944 an den deutschen Fußballmeister verliehen wurde

Mannschaftsfoto der Münchner Meisterelf von 1932

Oskar Rohr – Chronologie

geboren	24. März 1912
gestorben	8. November 1988
Position	Stürmer
Jugendverein	Phoenix Mannheim

Vereine (Herren)

1928–1930	VfR Mannheim
1930–1933	FC Bayern München
1933–1934	Grasshoppers Zürich
1934–1939	Racing Strasbourg
1940–1941	FC Sète
1945	Schwaben Augsburg
1946	VfR Mannheim
1946–1948	FK Pirmasens
1948–1949	Waldhof Mannheim

Länderspiele

1932–1933	4 Einsätze, 5 Tore

Oskar Rohr verwandelt den Strafstoß zum 1:0 im deutschen Meisterschaftsfinale gegen Eintracht Frankfurt.

Biografien

Otto Albert Beer (1891–1941) war Jugendtrainer beim FC Bayern München. Im November 1941 wurde er nach Litauen deportiert und von den Nazis ermordet.

Walther Bensemann (1873–1934) war ein deutscher Fußballpionier und Gründer der Sportzeitschrift »Kicker«. Der in Berlin geborene Besemann entdeckte den damals neuen Sport, als er eine Privatschule in Montreux, Schweiz, besuchte. Nach seiner Rückkehr nach Deutschland war er maßgeblich an der Gründung einer Reihe von Fußballmannschaften in Süddeutschland beteiligt, darunter die Vorläufer der heutigen Eintracht Frankfurt und des FC Bayern München. Er war zudem einer der Gründungsväter des Deutschen Fußball-Bunds (DFB), dem er auch den Namen gab. Fußball war für Bensemann ein Mittel der Völkerverständigung und er organisierte die ersten Länderspiele in Deutschland. 1920 gründete er das führende deutsche Fußballmagazin »Kicker«. 1933 musste der Jude Bensemann Deutschland verlassen und starb bald darauf in Montreux, der Stadt, in der er seine Liebe zum Fußball entdeckte hatte.

Josef Bergmaier (1909–1943) spielte in seiner Heimatstadt München für vier Vereine als Stürmer: TSG 1888 Pasing, FC Wacker, von 1929 bis 1938 für den FC Bayern München und im Anschluss bis 1940 für den TSV 1860. Er spielte achtmal für die deutsche Nationalmannschaft und erzielte dabei ein Tor. Bergmaier kämpfte im Zweiten Weltkrieg und starb an seinem 34. Geburtstag an der Ostfront.

Josef Blum (1898–1956) begann seine Laufbahn beim Nussdorfer AC und wechselte 1918 zu First Vienna FC, wo er bis zum Ende seiner Karriere 1933 spielte. Er galt als einer der besten Verteidiger im österreichischen Fußball. Er spielte 51 Mal für die österreichische Nationalmannschaft. Nach seiner Karriere als Spieler trainierte er mehrere Wiener Fußballmannschaften sowie Racing Strasbourg. Seine Karriere endete mit dem Ausbruch des Zweiten Weltkriegs.

Walter Dietrich (1902–1979) war ein Schweizer Nationalspieler, der zwischen 1925 und 1938 für Eintracht Frankfurt spielte. Er war auch Teil der Schweizer Nationalmannschaft, die bei den Olympischen Sommerspielen 1924 die Silbermedaille gewann.

Gottfried Fuchs (1889–1972) debütierte im Alter von 18 Jahren in der deutschen Nationalmannschaft. Er spielte für den Düsseldorfer SC 1899 und den Karlsruher FV und gewann 1910 den deutschen Meistertitel. In seinen sechs Spielen für die deutsche Nationalmannschaft erzielte Fuchs insgesamt 13 Tore. Er ist bekannt dafür, dass er beim 16:0-Sieg gegen Russland bei den Olympischen Spielen 1912 einen Weltrekord von zehn Toren erzielte. Während des Ersten Weltkriegs diente Fuchs in der deutschen Armee und wurde mit dem Eisernen Kreuz ausgezeichnet. Dennoch musste er aufgrund seines jüdischen Glaubens 1937 Deutschland verlassen und zog nach Kanada. Der Deutsche Fußball-Bund löschte zwischen 1933 und 1945 sämtliche Hinweise auf ihn aus seinen Aufzeichnungen. Sepp Herberger ist es zu verdanken, dass Fuchs' Leistungen für den deutschen Fußball nicht völlig in Vergessenheit gerieten. 1972 schlug er vor, Fuchs, den damals letzten lebenden jüdischen Fußballer, der für Deutschland gespielt hatte, zum Einweihungsspiel des neuen Münchner Olympiastadions gegen die Sowjetunion einzuladen. Der DFB-Vorstand, dem damals mehrere ehemalige NSDAP-Mitglieder angehörten, lehnte dies ab. Fuchs starb zwei Monate vor dem Spiel in Kanada.

Konrad Heidkamp (1905–1994) begann seine Karriere als Verteidiger beim Düsseldorfer SC 1899 und spielte von 1928 bis 1937 für den FC Bayern München. Er spielte neunmal für die deutsche Nationalmannschaft und erzielte dabei ein Tor. Von 1943 bis 1945 trainierte er den FC Bayern.

Oscar Heisserer (1914–2004) war in den 1930er-Jahren einer der größten Stars von Racing Strasbourg. Er war, wie Oskar Rohr, einer der erfolgreichsten Torschützen seiner Mannschaft und der französischen Liga. 1938 wechselte er zum Racing Club de Paris. Einigen Quellen zufolge war Heisserer Teil des französischen Widerstands. Er kehrte 1945 nach Straßburg zurück, wo er 1949 seine berufliche Laufbahn beendete.

Siegfried Hermann (1886–1971) war eines der Gründungsmitglieder des FC Bayern München, arbeitete unter anderem als Jugendtrainer und war Vizepräsident. Nach der Machtübernahme der Nationalsozialisten trat er am 12. April 1933 die Nachfolge von Kurt Landauer als Präsident an. Nach dem Zweiten Weltkrieg war Hermann Mitverfasser der neuen Satzung des Vereins. Als Kurt Landauer nach München zurückkehrte, trat er zu dessen Gunsten als Präsident zurück.

Julius Hirsch (1892–1945) wechselte im Alter von 10 Jahren zum Karlsruher FV. Mit 19 Jahren spielte er erstmals im Nationaltrikot. Hirsch war der erste jüdische Spieler, der für die deutsche Auswahl spielte. In seinem zweiten Länderspiel gelangen ihm vier Tore, bis dato ein Rekord für einen deutschen Nationalspieler. 1910 war der Stürmer maßgeblich daran beteiligt, dass der Karlsruher FV die deutsche Meisterschaft gewann. 1913 gewann er die Meisterschaft mit der SpVgg Fürth. Während des Ersten Weltkrieges diente er vier Jahre in der deutschen Armee und wurde mit dem Eisernen Kreuz ausgezeichnet. Sein Bruder Leopold starb 1916 im Gefecht. Juller, wie er auch genannt wurde, kehrte nach dem Krieg zum KFV zurück, ging 1923 als Spieler in den Ruhestand, blieb dem Verein jedoch als Jugendtrainer verbunden. Nachdem er 1933 erfahren hatte, dass süddeutsche Vereine Juden die Mitgliedschaft entziehen würden, trat er nach über 30 Jahren als KFV-Mitglied zurück. Er wurde 1943 in das Konzentrationslager Auschwitz deportiert. Der genaue Zeitpunkt seines Todes ist nicht bekannt.

Friedrich »Fritz« Keller (1913–1985) wurde in Straßburg geboren, wo er in den 1930er-Jahren wie seine beiden Brüder Albert und Curt für Racing Strasbourg spielte. Er war Teil der berühmten Mannschaft, die zwischen 1934 und 1935 den zweiten Platz belegte und 1937 das Pokalendspiel erreichte. Als das Elsass von den Nazis annektiert wurde, wechselte er zur Sportgemeinschaft Schutzstaffel Strasbourg, der Mannschaft der berüchtigten paramilitärischen SS. Es ist nicht klar, ob dies ein opportunistischer Karriereschritt oder eine ideologische Geste war.

Fritz Kerr (1892–1974) spielte für den Wiener AC und den SC Hakoah Wien. Er gehört zu der legendären Mannschaft des SC Hakoah, die 1923 als erste europäische Mannschaft in Großbritannien gewann; Hakoah besiegte West Ham United mit 5:0. Kerr war siebenfacher österreichischer Nationalspieler. Als Trainer arbeitete er unter anderem bei den Stuttgarter Kickers, musste jedoch nach der Machtübernahme der Nazis als Jude seine Stellung aufgeben. Er wurde Trainer von Racing Strasbourg, später vom FC Mulhouse und gewann 1939 mit dem FC Lausanne-Sport den Schweizer Pokal. Nach dem Zweiten Weltkrieg kehrte er für kurze Zeit zu den Stuttgarter Kickers zurück und trainierte verschiedene Schweizer Mannschaften.

Richard Dombi (1888–1963) spielte vor dem Ersten Weltkrieg in seiner Heimatstadt Wien für den Wiener Athletiksport Club (WAC) und den Wiener Assoziations-Football-Club (WAF). In seiner Zeit als Spieler von MTK Budapest erhielt der als Richard Kohn geborene Mittelstürmer seinen Spitznamen »Little Dombi« (»Kleine Eminenz«), den er später zu seinem offiziellen Nachnamen machte. Dombi trat sechsmal für die österreichische Nationalmannschaft an und erzielte zwei Tore. Als Trainer arbeitete er mit Mannschaften in ganz Europa, darunter auch der FC Barcelona. In Deutschland trainierte er unter anderem Hertha BSC Berlin und den TSV 1860 München. Unter seiner Leitung gewann der FC Bayern München 1932 das erste Mal die deutsche Meisterschaft. Nach der Machtübernahme der Nationalsozialisten verließ der Jude Dombi Deutschland, um den Grasshopper Club Zürich, später den FC Barcelona und dann den FC Basel zu trainieren. 1935 wurde er Trainer von Feyenoord Rotterdam und gewann 1936 und 1938 die niederländische Meisterschaft. Seine Karriere wurde durch den Zweiten Weltkrieg unterbrochen. Nach dem Krieg nahm er 1951 seine Trainertätigkeit bei Feyenoord Rotterdam wieder auf und half dabei, eine neue Mannschaft aufzubauen.

Izidor Kürschner (1885–1941) war von 1904 bis 1913 Verteidiger bei MTK Budapest und spielte fünfmal für die ungarische Nationalmannschaft. Er wurde ein erfolgreicher Trainer und gewann die deutsche Meisterschaft mit dem 1. FC Nürnberg, gefolgt von sieben Titeln mit Grasshopper Club Zürich. 1937 ging er nach Brasilien und half, das Land im Weltfußball zu etablieren.

Kurt Landauer (1884–1961) stand dem FC Bayern München viermal vor und ist bis heute der Präsident mit der längsten Amtszeit. Landauer war Leiter der Werbeabteilung der »Münchner Neuesten Nachrichten«, dem Vorläufer der heutigen »Süddeutschen Zeitung«. Der gebürtige Münchner kam 1901 als Spieler zum FC Bayern. Seine erste Amtszeit als Präsident endete mit dem Ersten Weltkrieg. Nach dem Krieg wurde er für eine weitere Amtszeit wiedergewählt, die bis 1933 dauerte, als die Nazis an die Macht kamen. Während dieser Präsidentschaft gewann Bayern München seine erste deutsche Meisterschaft. Als Jude wurde er am 10. November 1938 nach dem berüchtigten »Kristallnacht«-Pogrom von den Nationalsozialisten verhaftet. Als deutscher Veteran des Ersten Weltkriegs durfte er nach 33 Tagen das KZ Dachau verlassen. Danach zog er in die Schweiz, wo er den Krieg überlebte. Der größte Teil seiner Familie wurde während des Holocaust ermordet. 1947 kehrte Landauer nach München zurück und wurde erneut zum Klubpräsidenten ernannt. Unter seiner Führung begann der Wiederaufbau des FC Bayern. Diese letzte Amtszeit dauerte bis 1951. Er starb 1961 in München.

Ivo Schricker (1877–1962) spielte beim Straßburger FK 1890, den Karlsruher Kickers, dem Akademischen SC Berlin und wurde mehrfacher süddeutscher Meister mit dem Karlsruher FV. Nach seiner Pensionierung als Spieler war Schricker von 1923 bis 1925 Präsident des Süddeutschen Fußball-Verbandes. Er wurde der erste Angestellte der FIFA und 1931 zum Ständigen Sekretär ernannt. Ein Jahr später wurde er Generalsekretär, eine Position, die er bis 1951 innehatte.

Wilhelm Simetsreiter (1915–2001) spielte von 1934 bis 1947 für den FC Bayern München und war Teil der Meistermannschaft von 1932. Während des Zweiten Weltkriegs war er Soldat in der deutschen Wehrmacht. Er spielte achtmal für die deutsche Nationalmannschaft und erzielte insgesamt acht Tore.

Danksagung

Ich habe mich schon immer sowohl für Fußball als auch für Comics interessiert, und nicht allein aus diesem Grund ist dieses Buch etwas Besonderes. Die Entstehung der Graphic Novel war mit sehr viel sorgfältiger Recherche verbunden und hatte viele Helfer.

Zuallererst möchte ich mich bei meinen Eltern bedanken, die mich immer zur Neugier anregten und als Kind meine Fußballbegeisterung unterstützten, unter anderem indem sie viele Jahre mein Abonnement des FC-Bayern-Magazins bezahlten.

Ein ganz spezieller Dank geht an den renommierten Fußballhistoriker Dietrich Schulze-Marmeling, der mich bei meinen ersten Recherchen unterstützte.

Mein Bruder Aaron machte mich mit Benno Ruwe aus dem New Yorker Büro des FC Bayern bekannt, der mich daraufhin mit Fabian Raabe, Laura Nicolaiciuc und Andreas Wittner aus dem Vereinsarchiv in Kontakt setzte. Sie lieferten uns wunderschönes Bildmaterial, das für die Illustrationen des Buches verwendet wurde.

Meine in München lebende Schwester Debora und ihre Nachbarin Lisa Vieweg haben das Projekt hinter den Kulissen unterstützt. Danke auch an Euch sowie Nelly Bleiberg und Yoel Voloj.

Auch wenn er leider kein Material im Vereinsarchiv ausgraben konnte, möchte ich dem Geschäftsführer des VfR Mannheim, Sven Wolf, für seine Bemühungen danken. Fußball ist schließlich ein Mannschaftssport.

Meine Frau Lisa Keys stand mir wie immer hilfreich zur Seite und meine Söhne Leon und Simon inspirierten mich durch ihre Liebe zum Fußball und zum FC Bayern München. Danke.

Mein Agent Nicolas Grivel fand mit Marcin Podolec den idealen Künstler für das Projekt, der meine Erzählung durch seine beeindruckenden Illustrationen zum Leben erweckte.

Schließlich gilt mein Dank dem Team des Carlsen Verlags, vor allem Klaus Schikowski und Michael Groenewald, die das Projekt einfühlsam betreuten.

Diese Graphic Novel ist meiner Großmutter, Ana Dessauer (1928–2019), gewidmet.

Julian Voloj

© Leon Simcon

Julian Voloj, geboren in Münster, studierte Literaturwissenschaft und arbeitet seit 2003 als Autor, Journalist und Fotograf in den USA. Als Autor hat er eine Reihe international erfolgreicher biografischer Graphic Novels vorgelegt, darunter den Band *Joe Shuster*, der die Geschichte des vergessenen *Superman*-Erfinders erzählt und vom *Tagesanzeiger* als einer der besten Comics des 21. Jahrhunderts bezeichnet wurde. Er lebt mit seiner Frau Lisa und seinen Söhnen Leon und Simon im New Yorker Stadtteil Queens..

© privat

Marcin Podolec, geboren 1991 im polnischen Jarosław, studierte Animation in Łódź und arbeitet heute als Regisseur, Illustrator und Comiczeichner. Marcin Podolecs Graphic Novel *Fugazi Music Club*, in der er die wechselvolle Geschichte eines Warschauer Musikklubs nachzeichnet, fand auch unter deutschsprachigen Kritiker*innen große Beachtung.

Julian Voloj bei Carlsen Comics
Joe Shuster. Der Vater der Superhelden (mit Thomas Campi)
Ein Leben für den Fußball. Die Geschichte von Oskar Rohr (mit Marcin Podolec)
Basquiat (mit Søren Mosdal)

Julian Voloj im avant-verlag
Ghetto Brother. Bronx NY (mit Claudia Ahlering)

Julian Voloj bei Knesebeck
Die Judenbuche. Nach Annette von Droste-Hülshoff (mit Claudia Ahlering)

Marcin Podolec bei Egmont Graphic Novel
Fugazi Music Club

Der Abdruck der Fotos auf den Seiten 139 bis 142 erfolgt mit freundlicher Genehmigung der Archiv FC Bayern München AG. Der Verlag bedankt sich bei Andreas Wittner für die Hilfsbereitschaft und kompetente Unterstützung.

EIN LEBEN FÜR DEN FUSSBALL

Redaktion: Michael Groenewald
Lettering: Ronny Willisch
Handlettering: Peter Mrozek
Herstellung und Satz: Karen Kollmetz
Druck und Bindung: Livonia Print, Riga
Printed in Latvia

ISBN 987-3-551-73367-2

FSC www.fsc.org
MIX
Papier aus verantwortungsvollen Quellen
FSC® C002795